PREFACIO

La colección de guías de conversación para viajar "Todo irá bien" publicada por T&P Books está diseñada para personas que viajan al extranjero para turismo y negocios. Las guías contienen lo más importante - los elementos esenciales para una comunicación básica.Éste es un conjunto de frases imprescindibles para "sobrevivir" mientras está en el extranjero.

Esta guía de conversación le ayudará en la mayoría de los casos donde usted necesite pedir algo, conseguir direcciones, saber cuánto cuesta algo, etc. Puede también resolver situaciones difíciles de la comunicación donde los gestos no pueden ayudar.

Este libro contiene muchas frases que han sido agrupadas según los temas más relevantes.También encontrará un mini diccionario con palabras útiles - números, hora, calendario, colores…

Llévese la guía de conversación "Todo irá bien" en el camino y tendrá una insustituible compañera de viaje que le ayudará a salir de cualquier situación y le enseñará a no temer hablar con extranjeros.

TABLA DE CONTENIDOS

T&P Books Publishing

PRONUNCIACIÓN

La letra	Ejemplo sueco	T&P alfabeto fonético	Ejemplo español
Aa	bada	[ɑ], [ɑː]	altura
Bb	tabell	[b]	en barco
Cc [1]	licens	[s]	salva
Cc [2]	container	[k]	charco
Dd	andra	[d]	desierto
Ee	efter	[e]	verano
Ff	flera	[f]	golf
Gg [3]	gömma	[j]	asiento
Gg [4]	truga	[g]	jugada
Hh	handla	[h]	registro
Ii	tillhöra	[iː], [ɪ]	rápido
Jj	jaga	[j]	asiento
Kk [5]	keramisk	[ɕ]	China
Kk [6]	frisk	[k]	charco
Ll	tal	[l]	lira
Mm	medalj	[m]	nombre
Nn	panik	[n]	número
Oo	tolv	[ɔ]	costa
Pp	plommon	[p]	precio
Qq	squash	[k]	charco
Rr	spelregler	[r]	era, alfombra
Ss	spara	[s]	salva
Tt	tillhöra	[t]	torre
Uu	ungefär	[u], [ʉː]	esturión, lucha
Vv	overall	[v]	travieso
Ww [7]	kiwi	[w]	acuerdo
Xx	sax	[ks]	taxi
Yy	manikyr	[y], [yː]	nocturna
Zz	zoolog	[s]	salva
Åå	sångare	[e]	llave
Ää	tandläkare	[æ]	vencer
Öö	kompositör	[ø]	alemán - Hölle

La letra	Ejemplo sueco	T&P alfabeto fonético	Ejemplo español

Las combinaciones de letras

Ss [8]	sjösjuka	[ʃ]	shopping
sk [9]	skicka	[ʃ]	shopping
s [10]	först	[ʃ]	shopping
J j [11]	djärv	[j]	asiento
Lj [12]	ljus	[j]	asiento
kj, tj	kjol	[ɕ]	China
ng	omkring	[ŋ]	manga

Comentarios

[·] kj se pronuncia como
[··] ng tranfiere un sonido nasal
[1] delante de e, i, y
[2] en el resto de los casos
[3] delante de e, i, ä, ö
[4] en el resto de los casos
[5] delante de e, i, ä, ö
[6] en el resto de los casos
[7] en palabras prestadas
[8] en sj, skj, stj
[9] delante de e, i, y, ä, ö en posición tónica
[10] en la combinación rs
[11] en dj, hj, gj, kj
[12] al principio de una palabra

T&P Books Publishing

GUÍA DE CONVERSACIÓN
SUECO

LAS PALABRAS Y LAS FRASES MÁS ÚTILES

Esta Guía de Conversación contiene las frases y las preguntas más comunes necesitadas para una comunicación básica con extranjeros

Andrey Taranov

T&P BOOKS

Guía de conversación + diccionario de 250 palabras

Guía de conversación Español-Sueco y mini diccionario de 250 palabras

por Andrey Taranov

La colección de guías de conversación para viajar "Todo irá bien" publicada por T&P Books está diseñada para personas que viajan al extranjero para turismo y negocios. Las guías contienen lo más importante - los elementos esenciales para una comunicación básica. Éste es un conjunto de frases imprescindibles para "sobrevivir" mientras está en el extranjero.

También encontrará un mini diccionario con 250 palabras útiles necesarias para la comunicación diaria - los nombres de los meses y de los días de la semana, medidas, miembros de la familia, y más.

T&P Books Publishing
www.tpbooks.com

ISBN: 978-1-78616-885-6

Este libro está disponible en formato electrónico o de E-Book también.
Visite www.tpbooks.com o las librerías electrónicas más destacadas en la Red.

LISTA DE ABREVIATURAS

Abreviatura en español

adj	-	adjetivo
adv	-	adverbio
anim.	-	animado
conj	-	conjunción
etc.	-	etcétera
f	-	sustantivo femenino
f pl	-	femenino plural
fam.	-	uso familiar
fem.	-	femenino
form.	-	uso formal
inanim.	-	inanimado
innum.	-	innumerable
m	-	sustantivo masculino
m pl	-	masculino plural
m, f	-	masculino, femenino
masc.	-	masculino
mat	-	matemáticas
mil.	-	militar
num.	-	numerable
p.ej.	-	por ejemplo
pl	-	plural
pron	-	pronombre
sg	-	singular
v aux	-	verbo auxiliar
vi	-	verbo intransitivo
vi, vt	-	verbo intransitivo, verbo transitivo
vr	-	verbo reflexivo
vt	-	verbo transitivo

Abreviatura en sueco

pl	-	plural

Artículos en sueco

den	-	género neutro
det	-	neutro
en	-	género neutro
ett	-	neutro

T&P BOOKS

GUÍA DE CONVERSACIÓN SUECO

Esta sección contiene frases
importantes que pueden
resultar útiles en varias
situaciones de la vida real.
La Guía le ayudará a pedir
direcciones, aclaración
sobre precio, comprar billetes,
y pedir alimentos en un
restaurante

T&P Books Publishing

CONTENIDO DE LA GUÍA DE CONVERSACIÓN

T&P Books Publishing

Perdone, …	**Ursäkta mig, …** [ʉː'ʂɛkta mɛj, …]
Hola.	**Hej** [hɛj]
Gracias.	**Tack** [tak]

Sí.	**Ja** [ja]
No.	**Nej** [nɛj]
No lo sé.	**Jag vet inte.** [ja vet 'intə]
¿Dónde? | ¿A dónde? | ¿Cuándo?	**Var? I Vart? I När?** [var? | vaːʈ? | nɛr?]

Necesito …	**Jag behöver …** [ja be'høvər …]
Quiero …	**Jag vill …** [ja vilʲ …]
¿Tiene …?	**Har du …?** [har dʉː …?]
¿Hay … por aquí?	**Finns det … här?** [fins dɛ … hæːr?]
¿Puedo …?	**Får jag … ?** [for ja: …?]
…, por favor? (petición educada)	**…, tack** […, tak]

Busco …	**Jag letar efter …** [ja 'lʲetar 'ɛftər …]
el servicio	**en toalett** [en tua'lʲet]
un cajero automático	**en uttagsautomat** [en ʉː'taːgs auto'mat]
una farmacia	**ett apotek** [et apʊ'tek]
el hospital	**ett sjukhus** [et 'ɧʉːkhʉs]

la comisaría	**en polisstation** [en po'lis sta'ɧʉːn]
el metro	**tunnelbanan** ['tʉnəlʲ 'baːnan]

un taxi	**en taxi** [en 'taksi]
la estación de tren	**en tågstation** [en 'to:g sta'ŋu:n]

Me llamo ...	**Jag heter ...** [ja 'hetər ...]
¿Cómo se llama?	**Vad heter du?** [vad 'hetər dʉ:?]
¿Puede ayudarme, por favor?	**Skulle du kunna hjälpa mig?** ['skʉlʲe dʉ: 'kuna 'jɛlʲpa mɛj?]
Tengo un problema.	**Jag har ett problem.** [ja har et prɔ'blʲem]
Me encuentro mal.	**Jag mår inte bra.** [ja mor 'intə bra:]
¡Llame a una ambulancia!	**Ring efter en ambulans!** ['riŋ 'ɛftər en ambʉ'lʲans!]
¿Puedo llamar, por favor?	**Får jag ringa ett samtal?** [for ja 'riŋa et 'sa:mtalʲ?]

Lo siento.	**Jag är ledsen.** [ja ær 'lʲesən]
De nada.	**Ingen orsak.** ['iŋen 'u:ʂak]

Yo	**Jag, mig** [ja, mɛj]
tú	**du** [dʉ]
él	**han** [han]
ella	**hon** [hon]
ellos	**de:** [de:]
ellas	**de:** [de:]
nosotros /nosotras/	**vi** [vi:]
ustedes, vosotros	**ni** [ni]
usted	**du, Ni** [dʉ:, ni:]

ENTRADA	**INGÅNG** ['iŋo:ŋ]
SALIDA	**UTGÅNG** ['ʉtgo:ŋ]
FUERA DE SERVICIO	**UR FUNKTION** [ʉ:r fʉnk'ŋu:n]
CERRADO	**STÄNGT** ['stɛŋt]

ABIERTO

ÖPPET
['øpet]

PARA SEÑORAS

FÖR KVINNOR
[før 'kvinor]

PARA CABALLEROS

FÖR MÄN
[før mɛn]

Preguntas

¿Dónde?

Var?
[var?]

¿A dónde?

Vart?
[vaːʈ?]

¿De dónde?

Varifrån?
['varifron?]

¿Por qué?

Varför?
['vaːføːr?]

¿Con que razón?

Av vilken anledning?
[aːv 'vilʲkən anˈlʲednɪŋ?]

¿Cuándo?

När?
[nɛr?]

¿Cuánto tiempo?

Hur länge?
[hʉː 'lʲɛŋə?]

¿A qué hora?

Vilken tid?
['vilʲkən tid?]

¿Cuánto?

Hur länge?
[hʉː 'lʲɛŋə?]

¿Tiene ...?

Har du ...?
[har dʉː ...?]

¿Dónde está ...?

Var finns ...?
[var fins ...?]

¿Qué hora es?

Vad är klockan?
[vad ær 'klʲokan?]

¿Puedo llamar, por favor?

Får jag ringa ett samtal?
[for ja 'riŋa et 'saːmtalʲ?]

¿Quién es?

Vem är det?
[vem ær dɛ?]

¿Se puede fumar aquí?

Får jag röka här?
[for ja 'røka hæːr?]

¿Puedo ...?

Får jag ...?
[for jaː ...?]

Necesidades

Quisiera …	**Jag skulle vilja …** [ja 'skɵlʲe 'vilja …]
No quiero …	**Jag vill inte …** [ja vilʲ 'intə …]
Tengo sed.	**Jag är törstig.** [ja ær 'tø:ʂtig]
Tengo sueño.	**Jag vill sova.** [ja vilʲ 'so:va]

Quiero …	**Jag vill …** [ja vilʲ …]
lavarme	**tvätta mig** ['tvɛta mɛj]
cepillarme los dientes	**borsta tänderna** ['bo:ʂta 'tɛndeɳa]
descansar un momento	**vila en stund** ['vilʲɑ on ɵtund]
cambiarme de ropa	**att byta kläder** [at 'byta 'klʲɛ:dər]

volver al hotel	**gå tillbaka till hotellet** ['go tilʲ'baka tilʲ ho'telʲet]
comprar …	**köpa …** ['çøpa …]
ir a …	**ta mig till …** [ta mɛj tilʲ …]
visitar …	**besöka …** [be'søka …]
quedar con …	**träffa …** ['trɛfa …]
hacer una llamada	**ringa ett samtal** ['riŋa et 'samtalʲ]

Estoy cansado /cansada/.	**Jag är trött.** [ja ær trøt]
Estamos cansados /cansadas/.	**Vi är trötta.** [vi: ær 'trøta]
Tengo frío.	**Jag fryser.** [ja 'frysər]
Tengo calor.	**Jag är varm.** [ja ær varm]
Estoy bien.	**Jag är okej.** [ja ær ɔ'kej]

Tengo que hacer una llamada.

Necesito ir al servicio.

Me tengo que ir.

Me tengo que ir ahora.

Jag behöver ringa ett samtal.
[ja be'høvər 'riŋa et 'samtalʲ]

Jag behöver gå på toaletten.
[ja be'høvər gɔ pɔ tua'lʲetən]

Jag måste ge mig av.
[ja 'mostə je mɛj av]

Jag måste ge mig av nu.
[ja 'mostə je mɛj av nʉ:]

Preguntar por direcciones

Perdone, ... — **Ursäkta mig, ...**
[ʉ:'ʂɛkta mɛj, ...]

¿Dónde está ...? — **Var finns ...?**
[var fins ...?]

¿Por dónde está ...? — **Åt vilket håll ligger ...?**
[ot 'vilʲket holʲ 'ligər ...?]

¿Puede ayudarme, por favor? — **Skulle du kunna hjälpa mig?**
['skʉlʲe dʉ: 'kuna 'jɛlʲpa mɛj?]

Busco ... — **Jag letar efter ...**
[ja 'lʲetar 'ɛftər ...]

Busco la salida. — **Jag letar efter utgången.**
[ja 'lʲetar 'ɛftər 'ʉtgo:ŋən]

Voy a ... — **Jag ska till ...**
[ja ska tilʲ ...]

¿Voy bien por aquí para ...? — **Är jag på rätt väg till ...?**
[ɛr ja pɔ rɛt vɛg tilʲ ...?]

¿Está lejos? — **Är det långt?**
[ɛr dɛ 'lʲo:ŋt?]

¿Puedo llegar a pie? — **Kan jag ta mig dit till fots?**
[kan ja ta mɛj dit tilʲ 'fɔts?]

¿Puede mostrarme en el mapa? — **Kan du visa mig på kartan?**
[kan dʉ: 'vi:sa mɛj pɔ 'ka:ʈan?]

Por favor muestreme dónde estamos. — **Kan du visa mig var vi är nu.**
[kan dʉ: 'vi:sa mɛj var vi ær nʉ:]

Aquí — **Här**
[hæ:r]

Allí — **Där**
[dɛr]

Por aquí — **Den här vägen**
[den hæ:r 'vɛgən]

Gire a la derecha. — **Sväng höger.**
['svɛŋ 'høgər]

Gire a la izquierda. — **Sväng vänster.**
['svɛŋ 'vɛnstər]

la primera (segunda, tercera) calle — **första (andra, tredje) sväng**
['fø:ʂta ('andra, 'tre:dje) svɛŋ]

a la derecha — **till höger**
[tilʲ 'høgər]

a la izquierda

till vänster
[tilʲ 'vɛnstər]

Siga recto.

Gå rakt fram.
['go rakt fram]

Carteles

¡BIENVENIDO!	**VÄLKOMMEN!** ['vɛlˈkomən!]
ENTRADA	**INGÅNG** ['iŋoːŋ]
SALIDA	**UTGÅNG** ['ʉtgoːŋ]

EMPUJAR	**TRYCK** [trʏk]
TIRAR	**DRA** [draː]
ABIERTO	**ÖPPET** ['øpet]
CERRADO	**STÄNGT** ['stɛŋt]

PARA SEÑORAS	**FÖR KVINNOR** [før 'kvinor]
PARA CABALLEROS	**FÖR MÄN** [før mɛn]
CABALLEROS	**HERRAR** ['hɛrrar]
SEÑORAS	**DAMER** ['damər]

REBAJAS	**RABATT** [ra'bat]
VENTA	**REA** ['rea]
GRATIS	**GRATIS** ['gratis]
¡NUEVO!	**NYHET!** ['nyhet!]
ATENCIÓN	**VARNING!** ['varniŋ!]

COMPLETO	**FULLBOKAT** [fʉlˈbokat]
RESERVADO	**RESERVERAT** [resɛr'verat]
ADMINISTRACIÓN	**DIREKTÖR** [direk'tør]
SÓLO PERSONAL AUTORIZADO	**ENDAST PERSONAL** ['ɛndast pɛːʂo'nalʲ]

CUIDADO CON EL PERRO	**VARNING FÖR HUNDEN!** ['varniŋ før 'hʉndən!]
NO FUMAR	**RÖKNING FÖRBJUDET!** ['røkniŋ før'bjʉ:det!]
NO TOCAR	**RÖR EJ!** [rør ɛj!]

PELIGROSO	**FARLIGT** ['fa:ligt]
PELIGRO	**FARA** ['fa:ra]
ALTA TENSIÓN	**HÖGSPÄNNING** ['høgspɛniŋ]
PROHIBIDO BAÑARSE	**BAD FÖRBJUDET!** [bad før'bjʉ:det!]

FUERA DE SERVICIO	**UR FUNKTION** [ʉ:r fʉnk'ɧu:n]
INFLAMABLE	**BRANDFARLIGT** ['brand 'fa:ligt]
PROHIBIDO	**FÖRBJUDET** [før'bjʉ:det]
PROHIBIDO EL PASO	**TILLTRÄDE FÖRBJUDET!** [til·trɛdə før'bjʉ:det!]
RECIÉN PINTADO	**NYMÅLAT** ['nymol·at]

CERRADO POR RENOVACIÓN	**STÄNGT FÖR RENOVERING** ['stɛnt før reno'veriŋ]
EN OBRAS	**VÄGARBETE** ['vɛ:g ar'betə]
DESVÍO	**OMLEDNINGSVÄG** [ɔ:m'l·edniŋs vɛg]

Transporte. Frases generales

el avión	**plan** [plʲan]
el tren	**tåg** [toːg]
el bus	**buss** [bus]
el ferry	**färja** ['fæːrja]
el taxi	**taxi** ['taksi]
el coche	**bil** [bilʲ]

el horario	**tidtabell** ['tid ta'bɛlʲ]
¿Dónde puedo ver el horario?	**Var kan jag se tidtabellen?** [var kan ja se tidːta'bɛlʲen?]
días laborables	**vardagar** [vaːr'daːgar]
fines de semana	**helger** ['heljer]
días festivos	**helgdagar** ['helj'daːgar]

SALIDA	**AVGÅNGAR** ['avgoːŋar]
LLEGADA	**ANKOMSTER** ['ankomstər]
RETRASADO	**FÖRSENAD** [føː'ʂenad]
CANCELADO	**INSTÄLLD** ['instɛlʲd]

siguiente (tren, etc.)	**nästa** ['nɛsta]
primero	**första** ['føːʂta]
último	**sista** ['sista]

¿Cuándo pasa el siguiente ...?	**När går nästa ...?** [nɛr goːr 'nɛsta ...?]
¿Cuándo pasa el primer ...?	**När går första ...?** [nɛr goːr 'føːʂta ...?]

¿Cuándo pasa el último ...?

När går sista ...?
[nɛr goːr 'sista ...?]

el trasbordo (cambio de trenes, etc.)

byte
['byte]

hacer un trasbordo

att göra ett byte
[at 'jøra et 'byte]

¿Tengo que hacer un trasbordo?

Behöver jag byta?
[be'høver ja 'byta?]

Comprar billetes

¿Dónde puedo comprar un billete?	**Var kan jag köpa biljetter?** [var kan ja 'ɕøpa bi'lʲetər?]
el billete	**biljett** [bi'lʲet]
comprar un billete	**att köpa en biljett** [at 'ɕøpa en bi'lʲet]
precio del billete	**biljettpris** [bi'lʲet pris]

¿Para dónde?	**Vart?** [vaːʈ?]
¿A qué estación?	**Till vilken station?** [tilʲ 'vilʲkən sta'ʃuːn?]
Necesito ...	**Jag behöver ...** [ja be'høver ...]
un billete	**en biljett** [en bi'lʲet]
dos billetes	**två biljetter** [tvoː bi'lʲetər]
tres billetes	**tre biljetter** [tre bi'lʲetər]

sólo ida	**enkel** ['ɛnkəlʲ]
ida y vuelta	**tur och retur** ['tʉːr ɔ re'tʉːr]
en primera (primera clase)	**första klass** ['føːʂta klʲas]
en segunda (segunda clase)	**andra klass** ['andra klʲas]

hoy	**idag** [idaːg]
mañana	**imorgon** [i'mɔrgɔn]
pasado mañana	**i övermorgon** [i 'øːvəˌmɔrgɔn]
por la mañana	**på morgonen** [pɔ 'mɔrgɔnən]
por la tarde	**på eftermiddagen** [pɔ 'ɛftə mid'dagən]
por la noche	**på kvällen** [pɔ 'kvɛlʲen]

asiento de pasillo

gångplats
[goːŋ plʲats]

asiento de ventanilla

fönsterplats
['fønstə plʲats]

¿Cuánto cuesta?

Hur mycket?
[hʉː 'mʏkeʔ]

¿Puedo pagar con tarjeta?

Kan jag betala med kreditkort?
[kan ja beˈtalʲa me kreˈdit koːʈʔ]

Autobús

el autobús	**buss** [bus]
el autobús interurbano	**långfärdsbuss** ['lɔŋfɛrds̩bus]
la parada de autobús	**busshållplats** ['bus 'holʲplʲats]
¿Dónde está la parada de autobuses más cercana?	**Var finns närmsta busshållplats?** [var fins 'nɛrmsta 'bus 'holʲplʲats?]

número	**nummer** ['numər]
¿Qué autobús tengo que tomar para ...?	**Vilken buss kan jag ta till ...?** ['vilʲkən bus kan ja ta tilʲ ...?]
¿Este autobús va a ...?	**Går den här bussen till ...?** [goːr den hæːr 'busən tilʲ ...?]
¿Cada cuanto pasa el autobús?	**Hur ofta går bussarna?** [huː 'ofta goːr 'busarna?]

cada 15 minutos	**var femtonde minut** [var 'femtondə miˈnuːt]
cada media hora	**varje halvtimme** ['varje 'halʲvˌtimə]
cada hora	**en gång i timmen** [en goːŋ i 'timən]
varias veces al día	**flera gånger om dagen** ['flʲera 'goːŋər om 'dagən]
... veces al día	**... gånger om dagen** [... 'goːŋər om 'dagən]

el horario	**tidtabell** ['tid taˈbɛlʲ]
¿Dónde puedo ver el horario?	**Var kan jag se tidtabellen?** [var kan ja se tid taˈbɛlʲen?]
¿Cuándo pasa el siguiente autobús?	**När går nästa buss?** [nɛr goːr 'nɛsta bus?]
¿Cuándo pasa el primer autobús?	**När går första bussen?** [nɛr goːr 'føːʂta 'busən?]
¿Cuándo pasa el último autobús?	**När går sista bussen?** [nɛr goːr 'sista 'busən?]

la parada	**hållplats** ['holʲˌplʲats]
la siguiente parada	**nästa hållplats** ['nɛsta 'holʲplʲats]

la última parada

sista hållplatsen
['sista 'holᶨplᶨatsən]

Pare aquí, por favor.

Vill du vara snäll och stanna här, tack.
[vilᶨ dʉ: 'va:ra snɛlᶨ o 'stana hæ:r, tak]

Perdone, esta es mi parada.

Ursäkta mig, detta är min hållplats.
[ʉ:'sɛkta mɛj, 'deta ær min 'holᶨplᶨats]

Tren

el tren	**tåg** [to:g]
el tren de cercanías	**lokaltåg** [lʲoˈkalʲ to:g]
el tren de larga distancia	**fjärrtåg** ['fʲærˌto:g]
la estación de tren	**tågstation** ['to:g staˈɧuːn]
Perdone, ¿dónde está la salida al anden?	**Ursäkta mig, var är utgången till perrongen?** [ʉˈʂɛkta mɛj, var ær 'ʉtgoːŋən tilʲ peˈroŋən?]

¿Este tren va a ...?	**Går det här tåget till ...?** [goːr dɛ hæːr 'to:get tilʲ ...?]
el siguiente tren	**nästa tåg** ['nɛsta to:g]
¿Cuándo pasa el siguiente tren?	**När går nästa tåg?** [nɛr goːr 'nɛsta to:g?]
¿Dónde puedo ver el horario?	**Var kan jag se tidtabellen?** [var kan ja se tid tabɛlʲen?]
¿De qué andén?	**Från vilken perrong?** [fron 'vilʲkən peˈroŋ?]
¿Cuándo llega el tren a ...?	**När ankommer tåget till ...?** [nɛr 'ankomer 'to:get tilʲ ...?]

Ayudeme, por favor.	**Snälla hjälp mig.** ['snɛlʲa jɛlʲp mɛj]
Busco mi asiento.	**Jag letar efter min plats.** [ja 'lʲetar 'ɛftər min plʲats]
Buscamos nuestros asientos.	**Vi letar efter våra platser.** [vi 'lʲetar 'ɛftə 'vo:ra 'plʲatsər]

Mi asiento está ocupado.	**Min plats är upptagen.** [min plʲats ær up'ta:gen]
Nuestros asientos están ocupados.	**Våra platser är upptagna.** ['vo:ra 'plʲatsər ær up'tagna]
Perdone, pero ese es mi asiento.	**Jag är ledsen, men det här är min plats.** [ja ær 'lʲesən, men dɛ hæːr ær min plʲats]

¿Está libre?

Är den här platsen upptagen?
[ɛr den hæːr 'plʲatsən upˈtaːgən?]

¿Puedo sentarme aquí?

Kan jag sitta här?
[kan ja 'sita hæːr?]

En el tren. Diálogo (Sin billete)

Su billete, por favor.	**Biljetten, tack.** [bi'lʲetən, tak]
No tengo billete.	**Jag har ingen biljett.** [ja har 'iŋen bi'lʲet]
He perdido mi billete.	**Jag har förlorat min biljett.** [ja har føː'lorat min bi'lʲet]
He olvidado mi billete en casa.	**Jag har glömt min biljett hemma.** [ja har 'glʲømt min bi'lʲet 'hɛma]

Le puedo vender un billete.	**Du kan köpa biljett av mig.** [dʉː kan 'ɕøpa bi'lʲet av mɛj]
También deberá pagar una multa.	**Du kommer också behöva betala böter.** [dʉː 'komər 'ukso be'høva be'talʲa 'bøtər]

Vale.	**Okej.** [ɔ'kej]
¿A dónde va usted?	**Vart ska du?** [vaːʈ ska: dʉː?]
Voy a …	**Jag ska till …** [ja ska tilʲ …]

¿Cuánto es? No lo entiendo.	**Hur mycket? Jag förstår inte.** [hʉː 'mʏket? ja føː'ʂtoːr 'intə]
Escríbalo, por favor.	**Vill du skriva det.** [vilʲ dʉː 'skriːva dɛ]
Vale. ¿Puedo pagar con tarjeta?	**Bra. Kan jag betala med kreditkort?** [braː. kan ja be'talʲa me kre'dit koːʈ?]
Sí, puede.	**Ja, det kan du.** [ja, dɛ kan dʉ]

Aquí está su recibo.	**Här är ert kvitto.** [hæːr æːr eːʈ 'kvito]
Disculpe por la multa.	**Jag beklagar bötesavgiften.** [ja be'klʲagar bøtesav 'jiftən]
No pasa nada. Fue culpa mía.	**Det är okej. Det var mitt fel.** [deː æːr ɔ'kej. dɛ var mit felʲ]
Disfrute su viaje.	**Ha en trevlig resa.** [ha en 'trɛvlig 'resa]

Taxi

taxi	**taxi** ['taksi]
taxista	**taxichaufför** ['taksi ʂoˈføːr]
coger un taxi	**att ta en taxi** [at ta en 'taksi]
parada de taxis	**taxistation** ['taksi staˈɧuːn]
¿Dónde puedo coger un taxi?	**Var kan jag få tag på en taxi?** [var kan ja fo tag pɔ en 'taksi?]
llamar a un taxi	**att ringa en taxi** [at 'riŋa en 'taksi]
Necesito un taxi.	**Jag behöver en taxi.** [ja beˈhøver en 'taksi]
Ahora mismo.	**Omedelbart.** [uˈmedeⱡbaːʈ]
¿Cuál es su dirección?	**Vad har du för adress?** [vad har dʉ: før aˈdrɛs?]
Mi dirección es …	**Min adress är …** [min aˈdrɛs ær …]
¿Cuál es el destino?	**Vart ska du åka?** [vaːʈ ska: dʉ: oka?]
Perdone, …	**Ursäkta mig, …** [ʉˈʂɛkta mɛj, …]
¿Está libre?	**Är du ledig?** [ɛr dʉ: 'ⱡeːdig?]
¿Cuánto cuesta ir a …?	**Vad kostar det att åka till …?** [vad 'kostar dɛ at 'oːka tilʲ …?]
¿Sabe usted dónde está?	**Vet du var det ligger?** [vet dʉ: var dɛ 'ligər?]
Al aeropuerto, por favor.	**Till flygplatsen, tack.** [tilʲ 'flʲyg 'plʲatsən, tak]
Pare aquí, por favor.	**Kan du stanna här, tack.** [kan dʉ: 'stana hæː, tak]
No es aquí.	**Det är inte här.** [de: ær 'intə hɛr]
La dirección no es correcta.	**Det här är fel adress.** [de: hæːr ær felʲ aˈdrɛs]
Gire a la izquierda.	**Sväng vänster.** ['svɛŋ 'vɛnstər]
Gire a la derecha.	**Sväng höger.** ['svɛŋ 'høgər]

¿Cuánto le debo?	**Hur mycket är jag skyldig?** [hʉ: 'mʏke ær ja 'ŋʏlˈdig?]
¿Me da un recibo, por favor?	**Jag skulle vilja ha ett kvitto, tack.** [ja 'skʉlˈe 'vilja ha et 'kvito, tak]
Quédese con el cambio.	**Behåll växeln.** [be'holˈ 'vɛkselˈn]

Espéreme, por favor.	**Vill du vara vänlig och vänta på mig?** [vilˈ dʉ: 'va:ra 'vɛnlig o vɛnta pɔ mɛj?]
cinco minutos	**fem minuter** [fem mi'nʉ:tər]
diez minutos	**tio minuter** ['ti:o mi'nʉ:tər]
quince minutos	**femton minuter** ['femtɔn mi'nʉ:tər]
veinte minutos	**tjugo minuter** ['ɕʉ:go mi'nʉ:ter]
media hora	**en halvtimme** [en 'halˈv'timə]

Hotel

Hola.	**Hej** [hɛj]
Me llamo …	**Jag heter …** [ja 'hetər …]
Tengo una reserva.	**Jag har bokat.** [ja har 'bokat]

Necesito …	**Jag behöver …** [ja be'høvər …]
una habitación individual	**ett enkelrum** [et 'ɛnkəlʲ ru:m]
una habitación doble	**ett dubbelrum** [et 'dubəlʲ ru:m]
¿Cuánto cuesta?	**Hur mycket kostar det?** [hʉ: 'mʏke 'kostar dɛ?]
Es un poco caro.	**Det är lite dyrt.** [de: ær 'lʲitə dy:t]

¿Tiene alguna más?	**Har du några andra alternativ?** [har dʉ: 'nogra 'andra alʲterna'tiv?]
Me quedo.	**Jag tar det.** [ja tar dɛ]
Pagaré en efectivo.	**Jag betalar kontant.** [ja be'talʲar kon'tant]

Tengo un problema.	**Jag har ett problem.** [ja har et prɔ'blʲem]
Mi … no funciona.	**… är trasig.** [… ær 'trasig]
Mi … está fuera de servicio.	**… fungerar inte.** [… fʉ'ŋerar 'intə]
televisión	**min TV** [min 'teve]
aire acondicionado	**min luftkonditionering** [min 'lʲʉft kondiŋu'nɛriŋ]
grifo	**min kran** [min kran]

ducha	**min dusch** [min dʉʂ]
lavabo	**mitt handfat** [mit 'handfa:t]
caja fuerte	**mitt kassaskåp** [mit 'kasaˌsko:p]

cerradura	**mitt dörrlås** [mit 'dørlʲos]
enchufe	**mitt eluttag** [mit ɛlʲʉ:tag]
secador de pelo	**min hårtork** [min 'hoːʈork]

No tengo …	**Jag har ...** [ja har ...]
agua	**inget vatten** ['iŋet 'vatən]
luz	**inget ljus** ['iŋet jʉ:s]
electricidad	**ingen elektricitet** [iŋen ɛlʲektrisi'tet]

¿Me puede dar …?	**Skulle du kunna ge mig ...?** ['skʉlʲe dʉ: 'kuna je mɛj ...?]
una toalla	**en handduk** [en 'haŋdʉ:k]
una sábana	**en filt** [en filʲt]
unas chanclas	**tofflor** ['toflʲor]
un albornoz	**en badrock** [en 'badrok]
un champú	**schampo** ['ʂampo]
jabón	**tvål** [tvoːlʲ]

Quisiera cambiar de habitación.	**Jag skulle vilja byta rum.** [ja 'skʉlʲe 'vilja 'by:ta ru:m]
No puedo encontrar mi llave.	**Jag hittar inte min nyckel.** [ja 'hitar 'inte min 'nʏkəlʲ]
Por favor abra mi habitación.	**Skulle du kunna öppna mitt rum, tack?** ['skʉlʲe dʉ: 'kuna 'øpna mit rum, tak?]
¿Quién es?	**Vem är det?** [vem ær dɛ?]
¡Entre!	**Kom in!** [kom 'in!]
¡Un momento!	**Ett ögonblick!** [et 'ø:gonblik!]

Ahora no, por favor.	**Inte just nu, tack.** ['intə jʉst nʉ:, tak]
Venga a mi habitación, por favor.	**Kom till mitt rum, tack.** [kom tilʲ mit ru:m, tak]

Quisiera hacer un pedido.

**Jag skulle vilja beställa mat
via rumsservice.**
[ja 'skɵlɭe 'vilja be'stɛlɭa mat
via 'ruːmsøːvis]

Mi número de habitación es ...

Mitt rumsnummer är ...
[mit 'ruːms'nɵmer ær ...]

Me voy ...

Jag reser ...
[ja 're:sər ...]

Nos vamos ...

Vi reser ...
[viː 're:sər ...]

Ahora mismo

just nu
['jɵst nɵ:]

esta tarde

i eftermiddag
[i 'ɛftə mid'da:g]

esta noche

ikväll
[iːkvɛlɭ]

mañana

imorgon
[i'mɔrgɔn]

mañana por la mañana

imorgon på morgonen
[i'mɔrgɔn pɔ 'mɔrgɔnən]

mañana por la noche

imorgon på kvällen
[i'mɔrgɔn pɔ 'kvɛlɭen]

pasado mañana

i övermorgon
[i 'øːvəˌmɔrgɔn]

Quisiera pagar la cuenta.

Jag skulle vilja betala.
[ja 'skɵlɭe 'vilja be'ta:lɭa]

Todo ha estado estupendo.

Allt var fantastiskt.
[alɭt var fan'tastiskt]

¿Dónde puedo coger un taxi?

Var kan jag få tag på en taxi?
[var kan ja fo tag pɔ en 'taksi?]

¿Puede llamarme un taxi, por favor?

**Skulle du vilja vara snäll och ringa
en taxi åt mig?**
['skɵlɭe dɵ: vilja 'va:ra snɛlɭ o 'riŋa
en 'taksi ot mɛj?]

Restaurante

¿Puedo ver el menú, por favor?

Kan jag få se menyn, tack?
[kan ja fo se me'nyn, tak?]

Mesa para uno.

Ett bord för en.
[et bo:d før en]

Somos dos (tres, cuatro).

Vi är två (tre, fyra) personer.
[vi: ær tvo: (tre, 'fy:ra) pɛ:'ʂu:nər]

Para fumadores

Rökare
['røkarə]

Para no fumadores

Icke rökare
['ike røkarə]

¡Por favor! (llamar al camarero)

Ursäkta!
[ʉ:'ʂɛkta!]

la carta

meny
[me'ny:]

la carta de vinos

vinlista
['vi:nlista]

La carta, por favor.

Menyn, tack.
[me'nyn, tak]

¿Está listo para pedir?

Är ni redo att beställa?
[ɛr ni 'redo at be'stɛlˡa?]

¿Qué quieren pedir?

Vad önskar du?
[vad 'ønskar dʉ:?]

Yo quiero …

Jag tar ...
[ja tar ...]

Soy vegetariano.

Jag är vegetarian.
[ja ær vegetari'a:n]

carne

kött
[çø:t]

pescado

fisk
['fisk]

verduras

grönsaker
['grøn'sakər]

¿Tiene platos para vegetarianos?

Har ni vegetariska rätter?
[har ni vege'ta:riska 'rɛtər?]

No como cerdo.

Jag äter inte kött.
[ja 'ɛ:ter 'intə çøt]

Él /Ella/ no come carne.

Han /hon/ äter inte kött.
[han /hon/ 'ɛ:tər 'intə çøt]

Soy alérgico a …

Jag är allergisk mot ...
[ja ær a'lˡɛrgisk mut ...]

¿Me puede traer ..., por favor?

Skulle du kunna ge mig ...
['skɵlʲe dɵ: 'kuna je mɛj ...]

sal | pimienta | azúcar

salt I peppar I socker
[salʲt | 'pepar | 'sokər]

café | té | postre

kaffe I te I dessert
['kafə | te | de'sɛ:r]

agua | con gas | sin gas

vatten I kolsyrat I icke kolsyrat
['vaten | 'kɔlʲ'sy:rat | 'ike 'kɔlʲ'sy:rat]

una cuchara | un tenedor | un cuchillo

en sked I gaffel I kniv
[en ʃed | 'gafəlʲ | kni:v]

un plato | una servilleta

en tallrik I servett
[en 'talʲrik | ser'vet]

¡Buen provecho!

Smaklig måltid!
['smaklig 'molʲtid!]

Uno más, por favor.

En /Ett/ ... till tack.
[en /et/ ... tilʲ tak]

Estaba delicioso.

Det var utsökt.
[dɛ var 'ɵtsøkt]

---

la cuenta | el cambio | la propina

nota I växel I dricks
['no:ta | 'vɛksəlʲ | driks]

La cuenta, por favor.

Notan, tack.
['no:tan, tak]

¿Puedo pagar con tarjeta?

Kan jag betala med kreditkort?
[kan ja be'talʲa me kre'dit ko:ʈ?]

Perdone, aquí hay un error.

Jag beklagar, det är ett misstag här.
[ja be'klʲagar, dɛ ær et 'mistag hæ:r]

De Compras

¿Puedo ayudarle?	**Kan jag hjälpa dig?** [kan ja 'jɛlˈpa dɛj?]
¿Tiene ...?	**Har ni ...?** [har ni ...?]
Busco ...	**Jag letar efter ...** [ja 'lˈetar 'ɛftər ...]
Necesito ...	**Jag behöver ...** [ja be'høvər ...]

Sólo estoy mirando.	**Jag tittar bara.** [ja 'titar 'baːra]
Sólo estamos mirando.	**Vi tittar bara.** [vi 'titar 'baːra]
Volveré más tarde.	**Jag kommer tillbaka senare.** [ja 'komər tilˈ'baka 'senarə]
Volveremos más tarde.	**Vi kommer tillbaka senare.** [vi 'komer tilˈ'baka 'senarə]
descuentos | oferta	**rabatt I rea** [ra'bat | 're:a]

Por favor, enséñeme ...	**Skulle du kunna visa mig ...** ['skulˈe du: 'kuna 'vi:sa mɛj ...]
¿Me puede dar ..., por favor?	**Skulle du kunna ge mig ...** ['skulˈe du: 'kuna je mɛj ...]
¿Puedo probarmelo?	**Kan jag prova?** [kan ja 'pru:va?]
Perdone, ¿dónde están los probadores?	**Ursäkta mig, var finns provrummen?** [u:'ʂɛkta mɛj, var fins 'pruv̩rumən?]
¿Qué color le gustaría?	**Vilken färg vill du ha?** ['vilˈkən 'fæːrj vilˈ du: ha?]
la talla | el largo	**storlek I längd** ['storlˈek | lˈeŋd]
¿Cómo le queda? (¿Está bien?)	**Hur sitter den?** [hu: 'sitər den?]

¿Cuánto cuesta esto?	**Hur mycket kostar det?** [hu: 'mʏke 'kostar dɛ?]
Es muy caro.	**Det är för dyrt.** [de: ær før dy:t]
Me lo llevo.	**Jag tar den (det, dem).** [ja tar den (dɛ, dem)]
Perdone, ¿dónde está la caja?	**Ursäkta mig, var betalar man?** [u:'ʂɛkta mɛj, var be'talˈar man?]

¿Pagará en efectivo o con tarjeta?

Betalar du kontant eller med kreditkort?
[be'talʲar dʉ: kon'tant elʲe me kreˈdit koːʈ?]

en efectivo | con tarjeta

Kontant I med kreditkort
[kon'tant | me kreˈdit koːʈ]

¿Quiere el recibo?

Vill du ha kvittot?
[vilʲ dʉ: ha: 'kvitot?]

Sí, por favor.

Ja, tack.
[ja, tak]

No, gracias.

Nej, det behövs inte.
[nɛj, dɛ bɛhøvs 'inte]

Gracias. ¡Que tenga un buen día!

Tack. Ha en bra dag!
[tak. ha en bra: dag!]

En la ciudad

Perdone, por favor.	**Ursäkta mig.** [ʉ:'ʂɛkta mɛj]
Busco ...	**Jag letar efter ...** [ja 'lʲetar 'ɛftər ...]
el metro	**tunnelbanan** ['tʉnəlʲ 'ba:nan]
mi hotel	**mitt hotell** [mit ho'telʲ]
el cine	**biografen** [bio'grafən]
una parada de taxis	**en taxistation** [en 'taksi sta'ʃu:n]
un cajero automático	**en uttagsautomat** [en ʉ:'ta:gs auto'mat]
una oficina de cambio	**ett växlingskontor** [et 'vɛkslɪŋs kon'tu:r]
un cibercafé	**ett internetkafé** [et 'internet ka'fe]
la calle ...	**... gatan** [... 'gatan]
este lugar	**den här platsen** [den hæ:r 'plʲatsən]
¿Sabe usted dónde está ...?	**Vet du var ... ligger?** [vet dʉ: var ... 'ligər?]
¿Cómo se llama esta calle?	**Vilken gata är det här?** ['vilʲkən gata ær dɛ hæ:r?]
Muestreme dónde estamos ahora.	**Kan du visa mig var vi är nu.** [kan dʉ: 'vi:sa mɛj var vi ær nʉ:]
¿Puedo llegar a pie?	**Kan jag ta mig dit till fots?** [kan ja ta mɛj dit tilʲ 'fots?]
¿Tiene un mapa de la ciudad?	**Har ni en karta över stan?** [har ni en 'ka:ʈa ø:ver stan?]
¿Cuánto cuesta la entrada?	**Hur mycket kostar inträdet?** [hʉ: 'mʏke 'kostar intrɛdet?]
¿Se pueden hacer fotos aquí?	**Får jag fotografera här?** [for ja fʊtʊgra'fera hæ:r?]
¿Está abierto?	**Har ni öppet?** [har ni øpet?]

¿A qué hora abren?

När öppnar ni?
[nɛr øpnar ni?]

¿A qué hora cierran?

När stänger ni?
[nɛr 'stɛŋər ni?]

Dinero

dinero	**pengar** ['peŋar]
efectivo	**kontanter** [kon'tantər]
billetes	**sedlar** ['sedlʲar]
monedas	**småpengar** ['smo:'peŋar]
la cuenta | el cambio | la propina	**nota I växel I dricks** ['no:ta | 'vɛksəlʲ | driks]

la tarjeta de crédito	**kreditkort** [kre'dit ko:ʈ]
la cartera	**plånbok** ['plʲo:nbʊk]
comprar	**att köpa** [at 'çøpa]
pagar	**att betala** [at be'talʲa]
la multa	**böter** ['bøter]
gratis	**gratis** ['gratis]

¿Dónde puedo comprar …?	**Var kan jag köpa …?** [var kan ja 'çøpa …?]
¿Está el banco abierto ahora?	**Är banken öppen nu?** [ɛr 'bankəen 'øpen nʉ:?]
¿A qué hora abre?	**När öppnar den?** [nɛr øpnar dɛn?]
¿A qué hora cierra?	**När stänger den?** [nɛr 'stɛŋər den?]

¿Cuánto cuesta?	**Hur mycket?** [hʉ: 'mʏke?]
¿Cuánto cuesta esto?	**Hur mycket kostar den här?** [hʉ: 'mʏke 'kostar den hæ:r?]
Es muy caro.	**Det är för dyrt.** [de: ær før dy:ʈ]

Perdone, ¿dónde está la caja?	**Ursäkta mig, var betalar man?** [ʉ:'ʂɛkta mɛj, var be'talʲar man?]
La cuenta, por favor.	**Notan, tack.** ['no:tan, tak]

¿Puedo pagar con tarjeta?

¿Hay un cajero por aquí?

Busco un cajero automático.

Kan jag betala med kreditkort?
[kan ja be'talʲa me kre'dit koːʈ?]

Finns det en uttagsautomat här?
[fins dɛ en 'ɵtags auto'mat hæːr?]

Jag letar efter en uttagsautomat.
[ja 'lʲetar 'ɛftər en ɵː'tags auto'mat]

Busco una oficina de cambio.

Quisiera cambiar ...

¿Cuál es el tipo de cambio?

¿Necesita mi pasaporte?

Jag letar efter ett växlingskontor.
[ja 'lʲetar 'ɛftər et 'vɛksliŋs kon'tuːr]

Jag skulle vilja växla ...
[ja 'skɵlʲe 'vilja 'vɛkslʲa ...]

Vad är växlingskursen?
[vad ær 'vɛksliŋs 'kɵːʂən?]

Behöver du mitt pass?
[be'høvər dɵː mit pas?]

Tiempo

¿Qué hora es?	**Vad är klockan?** [vad ær 'klˈokan?]
¿Cuándo?	**När?** [nɛr?]
¿A qué hora?	**Vid vilken tid?** [vid 'vilˈkən tid?]
ahora | luego | después de …	**nu I senare I efter ...** [nʉ: | 'senarə | 'ɛftər ...]
la una	**klockan ett** ['klˈokan et]
la una y cuarto	**kvart över ett** [kvaːʈ 'øːvər et]
la una y medio	**halv två** [halˈv tvoː]
las dos menos cuarto	**kvart i två** [kvaːʈ i tvoː]
una | dos | tres	**ett I två I tre** [et | tvoː | tre]
cuatro | cinco | seis	**fyra I fem I sex** ['fyːra | fem | sɛks]
siete | ocho | nueve	**sju I åtta I nio** [ɧʉ: | 'ota | 'niːo]
diez | once | doce	**tio I elva I tolv** ['tiːo | 'elˈva | tolˈv]
en …	**om ...** [om ...]
cinco minutos	**fem minuter** [fem mi'nʉːtər]
diez minutos	**tio minuter** ['tiːo mi'nʉːtər]
quince minutos	**femton minuter** ['femton mi'nʉːtər]
veinte minutos	**tjugo minuter** ['ɕʉːgo mi'nʉːter]
media hora	**en halvtimme** [en 'halˈv'timə]
una hora	**en timme** [en 'time]
por la mañana	**på morgonen** [pɔ 'morgonən]

por la mañana temprano	**tidigt på morgonen** ['tidit pɔ 'mɔrgɔnən]
esta mañana	**den här morgonen** [den hæ:r 'mɔrgɔnən]
mañana por la mañana	**imorgon på morgonen** [i'mɔrgɔn pɔ 'mɔrgɔnən]

al mediodía	**mitt på dagen** [mit pɔ 'dagən]
por la tarde	**på eftermiddagen** [pɔ 'ɛftə mid'dagən]
por la noche	**på kvällen** [pɔ 'kvɛlʲen]
esta noche	**ikväll** [i:kvɛlʲ]

por la noche	**på natten** [pɔ 'natən]
ayer	**i går** [i go:r]
hoy	**idag** [ida:g]
mañana	**imorgon** [i'mɔrgɔn]
pasado mañana	**i övermorgon** [i 'ø:və͵mɔrgɔn]

¿Qué día es hoy?	**Vad är det för dag idag?** [vad ær dɛ før da:g 'ida:g?]
Es ...	**Det är ...** [de: ær ...]
lunes	**måndag** ['mɔndag]
martes	**tisdag** ['ti:sdag]
miércoles	**onsdag** ['onsdag]

jueves	**torsdag** ['to:ʂdag]
viernes	**fredag** ['fre:dag]
sábado	**lördag** ['lʲø:dag]
domingo	**söndag** ['sœndag]

Saludos. Presentaciones.

Hola.	**Hej** [hɛj]
Encantado /Encantada/ de conocerle.	**Trevligt att träffas.** ['trɛvligt at trɛfas]
Yo también.	**Detsamma.** [de'sama]
Le presento a …	**Jag skulle vilja träffa …** [ja 'skɵlʲe 'vilja 'trɛfa …]
Encantado.	**Trevligt att träffas.** ['trɛvligt at trɛfas]

¿Cómo está?	**Hur står det till?** [hɵ: sto: dɛ tilʲ?]
Me llamo …	**Jag heter …** [ja 'hetər …]
Se llama …	**Han heter …** [han 'hetər …]
Se llama …	**Hon heter …** [hon 'hetər …]
¿Cómo se llama (usted)?	**Vad heter du?** [vad 'hetər dɵ:?]
¿Cómo se llama (él)?	**Vad heter han?** [vad 'hetər han?]
¿Cómo se llama (ella)?	**Vad heter hon?** [vad 'hetər hon?]

¿Cuál es su apellido?	**Vad heter du i efternamn?** [vad 'hetər dɵ: i 'ɛftəˌŋamn?]
Puede llamarme …	**Du kan kalla mig …** [dɵ: kan 'kalʲa mɛj …]
¿De dónde es usted?	**Varifrån kommer du?** ['varifron 'komøer dɵ:?]
Yo soy de ….	**Jag kommer från …** [ja 'komər fron …]
¿A qué se dedica?	**Vad arbetar du med?** [vad ar'betar dɵ: me:?]
¿Quién es?	**Vem är det här?** [vem ær dɛ hæ:r?]
¿Quién es él?	**Vem är han?** [vem ær han?]
¿Quién es ella?	**Vem är hon?** [vem ær hon?]
¿Quiénes son?	**Vilka är de?** ['vilʲka ær dom?]

Este es …   **Det här är …**
                                 [de: hæ:r ær …]
mi amigo   **min vän**
                                 [min vɛn]
mi amiga   **min väninna**
                                 [min vɛ'nina]
mi marido   **min man**
                                 [min man]
mi mujer   **min fru**
                                 [min fru:]

mi padre   **min far**
                                 [min fa:r]
mi madre   **min mor**
                                 [min mo:r]
mi hermano   **min bror**
                                 [min 'bru:r]
mi hermana   **min syster**
                                 [min 'sʏstər]
mi hijo   **min son**
                                 [min so:n]
mi hija   **min dotter**
                                 [min 'dotər]

Este es nuestro hijo.   **Det här är vår son.**
                                 [de: hæ:r ær vor son]
Esta es nuestra hija.   **Det här är vår dotter.**
                                 [de: hæ:r ær vor 'dotər]
Estos son mis hijos.   **Det här är mina barn.**
                                 [de: hæ:r ær 'mina ba:ŋ]
Estos son nuestros hijos.   **Det här är våra barn.**
                                 [de: hæ:r ær 'vo:ra ba:ŋ]

Despedidas

¡Adiós!
På återseende! Hej då!
[pɔ oteːˈşeəndə! hɛj doːl]

¡Chau!
Hej då!
[hɛj doːl]

Hasta mañana.
Vi ses imorgon.
[vi ses iˈmɔrgɔn]

Hasta pronto.
Vi ses snart.
[vi ses snaːt]

Te veo a las siete.
Vi ses klockan sju.
[vi ses ˈklʲokan ɧɐː]

¡Que se diviertan!
Ha det så roligt!
[ha dɛ so ˈroligt!]

Hablamos más tarde.
Vi hörs senare.
[vi høːş ˈsenarə]

Que tengas un buen fin de semana.
Ha en trevlig helg.
[ha en ˈtrɛvlig helj]

Buenas noches.
Godnatt.
[godˈnat]

Es hora de irme.
Det är dags för mig att ge mig av.
[deː ær daːgs før mɛj at je mɛj av]

Tengo que irme.
Jag behöver ge mig av.
[ja beˈhøvər je mɛj av]

Ahora vuelvo.
Jag kommer strax tillbaka.
[ja ˈkomər straks tilʲˈbaka]

Es tarde.
Det är sent.
[deː ær sɛnt]

Tengo que levantarme temprano.
Jag måste gå upp tidigt.
[ja ˈmostə go up ˈtidit]

Me voy mañana.
Jag ger mig av imorgon.
[ja jer mɛj av iˈmɔrgɔn]

Nos vamos mañana.
Vi ger oss av imorgon.
[vi jeːr os av iˈmɔrgɔn]

¡Que tenga un buen viaje!
Trevlig resa!
[ˈtrɛvlig ˈresa!]

Ha sido un placer.
Det var trevligt att träffas.
[dɛ var ˈtrɛvligt at trɛfas]

Fue un placer hablar con usted.
Det var trevligt att prata med dig.
[deː var ˈtrɛvligt at ˈpraːta me dɛj]

Gracias por todo.
Tack för allt.
[tak før alʲt]

Lo he pasado muy bien.

Jag hade väldigt trevligt.
[ja 'hadə 'vɛlʲdigt 'trɛvligt]

Lo pasamos muy bien.

Vi hade väldigt trevligt.
[vi 'hade 'vɛlʲdigt 'trɛvligt]

Fue genial.

Det var verkligen trevligt.
[dɛ var 'vɛrkligən 'trɛvligt]

Le voy a echar de menos.

Jag kommer att sakna dig.
[ja 'komər at 'sakna dɛj]

Le vamos a echar de menos.

Vi kommer att sakna dig.
[vi 'komer at 'sakna dɛj]

¡Suerte!

Lycka till!
['lʲʏka tilʲ!]

Saludos a …

Hälsa till …
['hɛlʲsa tilʲ …]

Idioma extranjero

No entiendo.	**Jag förstår inte.** [ja fø:'ʂto:r 'intə]
Escríbalo, por favor.	**Skulle du kunna skriva ner det.** ['skɵlle dɵ: 'kuna 'skri:va ner dɛ]
¿Habla usted ...?	**Talar du ...** ['talʲar dɵ: ...]

Hablo un poco de ...	**Jag talar lite ...** [ja 'talʲar 'lʲitə ...]
inglés	**engelska** ['ɛŋelʲska]
turco	**turkiska** ['tɵrkiska]
árabe	**arabiska** [a'rabiska]
francés	**franska** ['franska]

alemán	**tyska** ['tʏska]
italiano	**italienska** [ita'lje:nska]
español	**spanska** ['spanska]
portugués	**portugisiska** [po:tɵ'gi:siska]
chino	**kinesiska** [ɕi'nesiska]
japonés	**japanska** [ja'pa:nska]

¿Puede repetirlo, por favor?	**Kan du upprepa det, tack.** [kan dɵ: 'uprepa dɛ, tak]
Lo entiendo.	**Jag förstår.** [ja fø:'ʂto:r]
No entiendo.	**Jag förstår inte.** [ja fø:'ʂto:r 'intə]
Hable más despacio, por favor.	**Kan du prata långsammare, tack.** [kan dɵ: 'pra:ta lʲo:ŋ'samarə, tak]

¿Está bien?	**Är det rätt?** [ɛr dɛ rɛt?]
¿Qué es esto? (¿Que significa esto?)	**Vad är det här?** [vad ær dɛ hɛr?]

Disculpas

Perdone, por favor.	**Ursäkta mig.** [ʉːˈʂɛkta mɛj]
Lo siento.	**Jag är ledsen.** [ja ær ˈlʲesən]
Lo siento mucho.	**Jag är verkligen ledsen.** [ja ær ˈvɛrkligən ˈlʲesen]
Perdón, fue culpa mía.	**Jag är ledsen, det är mitt fel.** [ja ær ˈlʲesən, dɛ ær mit felʲ]
Culpa mía.	**Det är jag som har gjort ett misstag.** [deː ær ja som har joːʈ et ˈmistag]

¿Puedo ...?	**Får jag ... ?** [for jaː ...?]
¿Le molesta si ...?	**Har du något emot om jag ...?** [har dʉ: ˈnoːgɔt ɛˈmoːt om ja ...?]
¡No hay problema! (No pasa nada.)	**Det är okej.** [deː ær ɔˈkej]
Todo está bien.	**Det är okej.** [deː ær ɔˈkej]
No se preocupe.	**Tänk inte på det.** [tɛnk ˈintə pɔ dɛ]

Acuerdos

Sí.	**Ja** [ja]
Sí, claro.	**Ja, säkert.** [ja, 'sɛ:keţ]
Bien.	**Bra!** [bra:!]
Muy bien.	**Mycket bra.** ['mʏke bra:]
¡Claro que sí!	**Ja visst!** [ja vist!]
Estoy de acuerdo.	**Jag håller med.** [ja 'holʲer me:]

Es verdad.	**Det stämmer.** [de: 'stɛmər]
Es correcto.	**Det är rätt.** [de: ær rɛt]
Tiene razón.	**Du har rätt.** [dʉ: har rɛt]
No me molesta.	**Jag har inget emot det.** [ja har 'iŋet ɛ'mo:t dɛ]
Es completamente cierto.	**Det stämmer helt.** [de: 'stɛmər helʲt]

Es posible.	**Det är möjligt.** [de: ær 'møjligt]
Es una buena idea.	**Det är en bra idé.** [de: ær en bra: i'de:]
No puedo decir que no.	**Jag kan inte säga nej.** [ja kan 'inte 'sɛja nɛj]
Estaré encantado /encantada/.	**Det gör jag gärna.** [de: jør ja 'jæ:ŋa]
Será un placer.	**Med nöje.** [me 'nøje]

Rechazo. Expresar duda

No.	**Nej** [nɛj]
Claro que no.	**Verkligen inte.** ['vɛrkligən 'intə]
No estoy de acuerdo.	**Jag håller inte med.** [ja 'holʲer 'intə me:]
No lo creo.	**Jag tror inte det.** [ja tror 'intə dɛ]
No es verdad.	**Det är inte sant.** [de: ær 'intə sant]

No tiene razón.	**Du har fel.** [dʉ: har felʲ]
Creo que no tiene razón.	**Jag tycker att du har fel.** [ja 'tʏkər at dʉ: har felʲ]
No estoy seguro /segura/.	**Jag är inte säker.** [ja ær 'inte 'sɛ:kər]
No es posible.	**Det är omöjligt.** [de: ær ʉ:'mœjligt]
¡Nada de eso!	**Absolut inte!** [abso'lʲʉt 'intə!]

Justo lo contrario.	**Raka motsatsen.** ['ra:ka 'mo:tsatsən]
Estoy en contra de ello.	**Jag är emot det.** [ja ær ɛ'mo:t dɛ]
No me importa. (Me da igual.)	**Jag bryr mig inte om det.** [ja bry:r mɛj 'intə om dɛ]
No tengo ni idea.	**Jag har ingen aning.** [ja har 'iŋen 'aniŋ]
Dudo que sea así.	**Jag betvivlar det.** [ja bet'vivlʲar dɛ]

Lo siento, no puedo.	**Jag är ledsen, det kan jag inte.** [ja ær 'lʲesən, dɛ kan ja 'intə]
Lo siento, no quiero.	**Jag är ledsen, det vill jag inte.** [ja ær 'lʲesən, dɛ vilʲ ja 'intə]
Gracias, pero no lo necesito.	**Nej, tack.** [nɛj, tak]
Ya es tarde.	**Det börjar bli sent.** [de: 'børjar bli sɛnt]

Tengo que levantarme temprano.   **Jag måste gå upp tidigt.**
                                        [ja 'mostə go up 'tidit]

Me encuentro mal.   **Jag mår inte bra.**
                                        [ja mor 'intə bra:]

Expresar gratitud

Gracias.	**Tack** [tak]
Muchas gracias.	**Tack så mycket.** [tak so 'mʏkɛ]
De verdad lo aprecio.	**Jag uppskattar det verkligen.** [ja 'upskatar dɛ 'vɛrkligən]
Se lo agradezco.	**Jag är verkligen tacksam mot dig.** [ja ær 'vɛrkligən 'taksam mot dɛj]
Se lo agradecemos.	**Vi är verkligen tacksamma mot dig.** [vi: ær 'vɛrkligən 'taksama mo:t dɛj]

Gracias por su tiempo.	**Tack för dig stund.** [tak før dɛj stund]
Gracias por todo.	**Tack för allt.** [tak før alʲt]
Gracias por ...	**Tack för ...** [tak før ...]
su ayuda	**din hjälp** [din jɛlʲp]
tan agradable momento	**en trevlig tid** [en 'trɛvlig tid]

una comida estupenda	**en fantastisk måltid** [en fan'tastisk 'molʲtid]
una velada tan agradable	**en trevlig kväll** [en 'trɛvlig kvɛlʲ]
un día maravilloso	**en underbar dag** [en 'undəbar da:g]
un viaje increíble	**en fantastisk resa** [en fan'tastisk 'resa]

No hay de qué.	**Ingen orsak.** ['iŋen 'u:ʂak]
De nada.	**Väl bekomme.** [vɛlʲ be'komə]
Siempre a su disposición.	**Ingen orsak.** ['iŋen 'u:ʂak]
Encantado /Encantada/ de ayudarle.	**Nöjet är helt på min sida.** ['nøjet ær helʲt pɔ min 'si:da]
No hay de qué.	**Ingen orsak.** ['iŋen 'u:ʂak]
No tiene importancia.	**Tänk inte på det.** [tɛnk 'intə pɔ dɛ]

Felicitaciones , Mejores Deseos

¡Felicidades!	**Gratulationer!**
	[gratɵlʲaˈŋuːnər!]
¡Feliz Cumpleaños!	**Grattis på födelsedagen!**
	[ˈgratis pɔ ˈfødelʲsə ˈdagen!]
¡Feliz Navidad!	**God Jul!**
	[god jɵːlʲ!]
¡Feliz Año Nuevo!	**Gott Nytt År!**
	[got nʏt oːr!]

¡Felices Pascuas!	**Glad Påsk!**
	[glʲad ˈposk!]
¡Feliz Hanukkah!	**Glad Chanukka!**
	[glʲad ˈhanɵka!]

Quiero brindar.	**Jag skulle vilja utbringa en skål.**
	[ja ˈskɵlʲe ˈvilja ɵːtˈbriŋa en skolʲ]
¡Salud!	**Skål!**
	[skolʲ!]
¡Brindemos por ...!	**Låt oss dricka för ...!**
	[lʲot os ˈdrika før ...!]
¡A nuestro éxito!	**För vår framgång!**
	[før vor ˈframgoːŋ!]
¡A su éxito!	**För dig framgång!**
	[før dɛj ˈframgoːŋ!]

¡Suerte!	**Lycka till!**
	[ˈlʲʏka tilʲ!]
¡Que tenga un buen día!	**Ha en bra dag!**
	[ha en braː dag!]
¡Que tenga unas buenas vacaciones!	**Ha en bra helg!**
	[ha en braː helj!]
¡Que tenga un buen viaje!	**Säker resa!**
	[ˈsɛːkər ˈresa!]
¡Espero que se recupere pronto!	**Krya på dig!**
	[ˈkrya pɔ dɛj!]

Socializarse

¿Por qué está triste?	**Varför är du ledsen?** ['va:føːr ær dʉː 'lⁱesən?]
¡Sonría! ¡Anímese!	**Får jag se ett leende? Upp med hakan!** [for ja se et 'lⁱeəndə? up me 'ha:kan!]
¿Está libre esta noche?	**Är du ledig ikväll?** [ɛr dʉː 'lⁱeːdig iːkvɛlⁱ?]

¿Puedo ofrecerle algo de beber?	**Får jag bjuda på en drink?** [for ja 'bjʉːda pɔ en drink?]
¿Querría bailar conmigo?	**Vill du dansa?** [vilⁱ dʉː 'dansa?]
Vamos a ir al cine.	**Låt oss gå på bio.** [lⁱot os go pɔ 'biːo]

¿Puedo invitarle a ...?	**Får jag bjuda dig på ...?** [for ja 'bjʉːda dɛj pɔ ...?]
un restaurante	**restaurang** [rɛstɔ'raŋ]
el cine	**bio** ['bio]
el teatro	**teater** [te'a:ter]
dar una vuelta	**gå på en promenad** ['go pɔ en prome'nad]

¿A qué hora?	**Vilken tid?** ['vilⁱkən tid?]
esta noche	**ikväll** [iːkvɛlⁱ]
a las seis	**vid sex** [vid 'sɛks]
a las siete	**vid sju** [vid ɧʉː]
a las ocho	**vid åtta** [vid 'ota]
a las nueve	**vid nio** [vid 'niːo]

¿Le gusta este lugar?	**Gillar du det här stället?** ['jilⁱar dʉː dɛ hæːr 'stɛlⁱet?]
¿Está aquí con alguien?	**Är du här med någon?** [ɛr dʉː hæːr me 'no:gon?]
Estoy con mi amigo /amiga/.	**Jag är här med min vän /väninna/.** [ja ær hæːr me min vɛn /vɛ'nina/]

Estoy con amigos.	**Jag är här med mina vänner.** [ja ær hæ:r me 'mina 'vɛnər]
No, estoy solo /sola/.	**Nej, jag är ensam.** [nɛj, ja ær 'ɛnsam]

¿Tienes novio?	**Har du pojkvän?** [har dʉ: 'pojkvɛn?]
Tengo novio.	**Jag har pojkvän.** [ja har 'pojkvɛn]
¿Tienes novia?	**Har du flickvän?** [har dʉ: 'flikvɛn?]
Tengo novia.	**Jag har flickvän.** [ja har 'flˡikvɛn]

¿Te puedo volver a ver?	**Får jag träffa dig igen?** [for ja 'trɛfa dɛj i'jen?]
¿Te puedo llamar?	**Kan jag ringa dig?** [kan ja 'riŋa dɛj?]
Llámame.	**Ring mig.** ['riŋ mɛj]
¿Cuál es tu número?	**Vad har du för nummer?** [vad har dʉ: før 'nʉmər?]
Te echo de menos.	**Jag saknar dig.** [ja 'saknar dɛj]

¡Qué nombre tan bonito!	**Du har ett vackert namn.** [dʉ: har et 'vake:ʈ namn]
Te quiero.	**Jag älskar dig.** [ja 'ɛlˡskər dɛj]
¿Te casarías conmigo?	**Vill du gifta dig med mig?** [vilˡ dʉ: 'jifta dɛj me mɛj?]
¡Está de broma!	**Du skämtar!** [dʉ: 'ɧɛmtar!]
Sólo estoy bromeando.	**Jag skämtar bara.** [ja 'ɧɛmtar 'ba:ra]

¿En serio?	**Menar du allvar?** ['me:nar dʉ: 'alˡva:r?]
Lo digo en serio.	**Jag menar allvar.** [ja 'me:nar 'alˡva:r]
¿De verdad?	**Verkligen?!** ['vɛrkligən?!]
¡Es increíble!	**Det är otroligt!** [de: ær u:'tro:ligt!]
No le creo.	**Jag tror dig inte.** [ja tror dɛj 'intə]
No puedo.	**Jag kan inte.** [ja kan 'intə]
No lo sé.	**Jag vet inte.** [ja vet 'intə]
No le entiendo.	**Jag förstår dig inte.** [ja fø:'ʂto:r dɛj 'intə]

Váyase, por favor.	**Var snäll och gå.** [var snɛlʲ o goː]
¡Déjeme en paz!	**Lämna mig ifred!** ['lʲɛːmna mɛj ifreːd!]

Es inaguantable.	**Jag står inte ut med honom.** [ja stoːr 'intə ʉt me 'honom]
¡Es un asqueroso!	**Du är vedervärdig!** [dʉː ær 'vedervæːɖig!]
¡Llamaré a la policía!	**Jag ska ringa polisen!** [ja ska 'riŋa poˈlʲiːsən!]

Compartir impresiones. Emociones

Me gusta.	**Jag tycker om det.** [ja 'tʏkər om dɛ]
Muy lindo.	**Jättefint.** ['jɛtefint]
¡Es genial!	**Det är fantastiskt!** [de: ær fan'tastiskt!]
No está mal.	**Det är inte illa.** [de: ær 'intə 'ilʲa]

No me gusta.	**Jag gillar det inte.** [ja 'jilʲar dɛ 'intəe]
No está bien.	**Det är inte bra.** [de: ær 'intə bra:]
Está mal.	**Det är illa.** [de: ær 'ilʲa]
Está muy mal.	**Det är väldigt dåligt.** [de: ær 'vɛlʲdigt 'do:ligt]
¡Qué asco!	**Det är förskräckligt.** [de: ær fø:'ʂkrɛkligt]

Estoy feliz.	**Jag är glad.** [ja ær glʲad]
Estoy contento /contenta/.	**Jag är nöjd.** [ja ær 'nøjd]
Estoy enamorado /enamorada/.	**Jag är kär.** [ja ær 'kæ:r]
Estoy tranquilo.	**Jag är lugn.** [ja ær 'lʲuŋn]
Estoy aburrido.	**Jag är uttråkad.** [ja ær ʉt'trokad]

Estoy cansado /cansada/.	**Jag är trött.** [ja ær trøt]
Estoy triste.	**Jag är ledsen.** [ja ær 'lʲesən]
Estoy asustado.	**Jag är rädd.** [ja ær rɛd]
Estoy enfadado /enfadada/.	**Jag är arg.** [ja ær arj]

Estoy preocupado /preocupada/.	**Jag är orolig.** [ja ær u'rulig]
Estoy nervioso /nerviosa/.	**Jag är nervös.** [ja ær ner'vø:s]

Estoy celoso /celosa/.

Jag är svartsjuk.
[ja ær 'svaːtɧʉːk]

Estoy sorprendido /sorprendida/.

Jag är överraskad.
[ja ær øːvɛ'raskad]

Estoy perplejo /perpleja/.

Jag är förvirrad.
[ja ær før'virad]

Problemas, Accidentes

Tengo un problema. | **Jag har ett problem.**
[ja har et prɔ'blʲem]

Tenemos un problema. | **Vi har ett problem.**
[vi har et prɔ'blʲem]

Estoy perdido /perdida/. | **Jag är vilse.**
[ja ær 'vilʲsə]

Perdi el último autobús (tren). | **Jag missade sista bussen (tåget).**
[ja 'misadə 'sista 'busən ('to:get)]

No me queda más dinero. | **Jag har inga pengar kvar.**
[ja har 'iŋa 'peŋar kva:r]

He perdido … | **Jag har förlorat …**
[ja har fø:lʲorat …]

Me han robado … | **Någon har stulit …**
['no:gɔn har 'stu:lit …]

mi pasaporte | **mitt pass**
[mit pas]

mi cartera | **min plånbok**
[min 'plʲo:nbʊk]

mis papeles | **mina handlingar**
['mina 'handliŋar]

mi billete | **min biljett**
[min bi'lʲet]

---

mi dinero | **mina pengar**
['mina 'peŋar]

mi bolso | **min handväska**
[min 'hand̩vɛska]

mi cámara | **min kamera**
[min 'ka:mera]

mi portátil | **min laptop**
[min 'lʲaptop]

mi tableta | **min surfplatta**
[min 'sʊrfplʲata]

mi teléfono | **min mobiltelefon**
[min mo'bilʲ telʲe'fɔn]

¡Ayúdeme! | **Hjälp mig!**
['jɛlʲp mɛjɭ]

¿Qué pasó? | **Vad har hänt?**
[vad har hɛnt?]

el incendio | **brand**
[brand]

un tiroteo

skottlossning
[skot'lˡosniŋ]

el asesinato

mord
['moːd̪]

una explosión

explosion
[ɛksplˡɔ'ʃuːn]

una pelea

slagsmål
['slˡaks moːlˡ]

¡Llame a la policía!

Ring polisen!
['riŋ po'liːsən!]

¡Más rápido, por favor!

Snälla skynda på!
['snɛlˡa 'ʃʏnda poː!]

Busco la comisaría.

Jag letar efter polisstationen.
[ja 'lˡetar 'ɛftər po'lˡis sta'ʃuːnən]

Tengo que hacer una llamada.

Jag behöver ringa ett samtal.
[ja be'høvər 'riŋa et 'samtalˡ]

¿Puedo usar su teléfono?

Får jag använda din telefon?
[for ja 'anvɛnda din telˡe'fɔn?]

Me han ...

Jag har blivit ...
[ja har 'blivit ...]

asaltado /asaltada/

rånad
['ronad]

robado /robada/

bestulen
[be'stɵːlˡen]

violada

våldtagen
['volˡd̪ˌtagən]

atacado /atacada/

angripen
['aŋripən]

¿Se encuentra bien?

Är det okej med dig?
[ɛr dɛ ɔ'kej me dɛj?]

¿Ha visto quien a sido?

Såg du vem det var?
[sog dɵː vɛm dɛ vaːr?]

¿Sería capaz de reconocer
a la persona?

**Skulle du kunna känna
igen personen?**
['skɵlˡe dɵː 'kuna kɛna
ijen pɛː'ʂuːnən?]

¿Está usted seguro?

Är du säker?
[ɛr dɵː 'sɛːker?]

Por favor, cálmese.

Snälla lugna ner dig.
['snɛlˡa 'lˡɵnˡa ne dɛj]

¡Cálmese!

Ta det lugnt!
[ta dɛ lˡɵŋt!]

¡No se preocupe!

Oroa dig inte!
['oːroa dɛj 'intə!]

Todo irá bien.

Allt kommer att bli bra.
[alˡt 'komər at bli braː]

Todo está bien.

Allt är okej.
[alˡt ær ɔ'kej]

Venga aquí, por favor.

Vill du vara snäll och följa med?
[vilʲ dʉ: 'vaːra snɛlʲ o 'følʲa meːʔ]

Tengo unas preguntas para usted.

Jag har några frågor till dig.
[ja har 'nogra 'frogor tilʲ dɛj]

Espere un momento, por favor.

**Var snäll och vänta
ett ögonblick, tack.**
[var snɛlʲ o 'vɛnta
et 'øːgɔnblik, tak]

¿Tiene un documento de identidad?

Har du någon legitimation?
[har dʉ: 'noːgɔn lʲegitima'ɧuːn?]

Gracias. Puede irse ahora.

Tack. Du kan gå nu.
[tak. dʉ: kan go nʉ:]

¡Manos detrás de la cabeza!

Händerna bakom huvudet!
['hɛnderna 'bakom 'hʉvʉdet!]

¡Está arrestado!

Du är anhållen!
[dʉ: ær an'holʲen!]

Problemas de salud

Ayudeme, por favor.	**Snälla hjälp mig.** ['snɛlʲa jɛlʲp mɛj]
No me encuentro bien.	**Jag mår inte bra.** [ja mor 'intə bra:]
Mi marido no se encuentra bien.	**Min man mår inte bra.** [min man mor 'intə bra:]
Mi hijo ...	**Min son ...** [min so:n ...]
Mi padre ...	**min far ...** [min fa:r ...]

Mi mujer no se encuentra bien.	**Min fru mår inte bra.** [min frʉ: mor 'intə bra:]
Mi hija ...	**Min dotter ...** [min 'dotər ...]
Mi madre ...	**Min mor ...** [min mo:r ...]

Me duele ...	**Jag har ...** [ja har ...]
la cabeza	**huvudvärk** ['hʉ:vʉd'væ:rk]
la garganta	**halsont** ['halʲsʊnt]
el estómago	**värk i magen** [vɛrk i 'ma:gən]
un diente	**tandvärk** ['tand,vɛrk]

Estoy mareado.	**Jag känner mig yr.** [ja 'ɕɛnər mɛj y:r]
Él tiene fiebre.	**Han har feber.** [han har 'febər]
Ella tiene fiebre.	**Hon har feber.** [hon har 'febər]
No puedo respirar.	**Jag kan inte andas.** [ja kan 'intə 'andas]

Me ahogo.	**Jag har andnöd.** [ja har 'andnød]
Tengo asma.	**Jag är astmatiker.** [ja ær ast'matiker]
Tengo diabetes.	**Jag är diabetiker.** [ja ær dia'betikər]

No puedo dormir.	**Jag kan inte sova.** [ja kan 'intə 'so:va]
intoxicación alimentaria	**matförgiftning** ['ma:tfø:'jiftniŋ]

Me duele aquí.	**Det gör ont här.** [de: jør ont hæ:r]
¡Ayúdeme!	**Hjälp mig!** ['jɛlʲp mɛj!]
¡Estoy aquí!	**Jag är här!** [ja ær 'hæ:r!]
¡Estamos aquí!	**Vi är här!** [vi: ær hæ:r!]
¡Saquenme de aquí!	**Ta mig härifrån!** [ta mɛj 'hɛrifron!]
Necesito un médico.	**Jag behöver en läkare.** [ja be'høvər en 'lʲɛ:karə]
No me puedo mover.	**Jag kan inte röra mig.** [ja kan 'intə 'rø:ra mɛj]
No puedo mover mis piernas.	**Jag kan inte röra mina ben.** [ja kan 'intə 'rø:ra 'mina bɛn]

Tengo una herida.	**Jag har ett sår.** [ja har et so:r]
¿Es grave?	**Är det allvarligt?** [ɛr dɛ 'alʲva:rligt?]
Mis documentos están en mi bolsillo.	**Mina dokument är i min ficka.** ['mina doku'ment ær i min 'fika]
¡Cálmese!	**Lugna ner dig!** ['lʲʉnʲa ne: dɛj!]
¿Puedo usar su teléfono?	**Får jag använda din telefon?** [for ja 'anvɛnda din telʲe'fon?]

¡Llame a una ambulancia!	**Ring efter en ambulans!** ['riŋ 'ɛftər en ambʉ'lʲans!]
¡Es urgente!	**Det är brådskande!** [de: ær 'brodskandə!]
¡Es una emergencia!	**Det är ett nödfall!** [de: ær et 'nødfalʲ!]
¡Más rápido, por favor!	**Snälla, skynda dig!** ['snɛlʲa, 'ʜʲʏnda dɛj!]
¿Puede llamar a un médico, por favor?	**Vill du vara snäll och ringa en läkare?** [vilʲ dʉ: 'va:ra snɛlʲ o 'riŋa en 'lʲɛ:karə?]
¿Dónde está el hospital?	**Var är sjukhuset?** [var ær 'ʜʉ:khʉ:set?]

¿Cómo se siente?	**Hur mår du?** [hʉ: mor dʉ:?]
¿Se encuentra bien?	**Är du okej?** [ɛr dʉ: ɔ'kej?]
¿Qué pasó?	**Vad har hänt?** [vad har hɛnt?]

Me encuentro mejor. **Jag mår bättre nu.**
[ja mor 'bɛtrə nʉ:]

Está bien. **Det är okej.**
[de: ær ɔ'kej]

Todo está bien. **Det är okej.**
[de: ær ɔ'kej]

En la farmacia

la farmacia	**apotek** [apʊ'tek]
la farmacia 24 horas	**dygnet runt-öppet apotek** ['dynʲet rʉnt-'øpet apʊ'tek]
¿Dónde está la farmacia más cercana?	**Var finns närmsta apotek?** [var fins 'nɛrmsta apʊ'tek?]
¿Está abierta ahora?	**Är det öppet nu?** [ɛr dɛ 'øpet nʉ:?]
¿A qué hora abre?	**Vilken tid öppnar det?** ['vilʲkən tid 'øpnar dɛ?]
¿A qué hora cierra?	**Vilken tid stänger det?** ['vilʲkən tid 'stɛnʲər dɛ?]
¿Está lejos?	**Är det långt?** [ɛr dɛ 'lʲo:ŋt?]
¿Puedo llegar a pie?	**Kan jag ta mig dit till fots?** [kan ja ta mɛj dit tilʲ 'fots?]
¿Puede mostrarme en el mapa?	**Kan du visa mig på kartan?** [kan dʉ: 'vi:sa mɛj po 'ka:ʈan?]
Por favor, deme algo para ...	**Snälla ge mig någonting mot ...** ['snɛlʲa je mɛj 'no:gontiŋ mot ...]
un dolor de cabeza	**huvudvärk** ['hʉ:vʉd'væ:rk]
la tos	**hosta** ['hosta]
el resfriado	**förkylning** [før'çylʲniŋ]
la gripe	**influensan** [inflʲʉ'ensan]
la fiebre	**feber** ['feber]
un dolor de estomago	**magont** ['ma:gont]
nauseas	**illamående** [ilʲa'moendə]
la diarrea	**diarré** [dia're:]
el estreñimiento	**förstoppning** [fø:'ʂtopniŋ]
un dolor de espalda	**ryggont** ['rʏgont]

un dolor de pecho	**bröstsmärtor** ['brøst'smɛ:tor]
el flato	**mjälthugg** ['mjelˈthug]
un dolor abdominal	**magsmärtor** ['magsmɛ:tor]

la píldora	**piller, tablett** ['pilˈer, tab'lˈet]
la crema	**salva** ['salˈva]
el jarabe	**drickbar medicin** ['drikbar medi'si:n]
el spray	**sprej** [sprɛj]
las gotas	**droppar** ['dropar]

Tiene que ir al hospital.	**Du måste åka till sjukhuset.** [dʉ: 'moste 'o:ka tilˈ 'ɧʉ:khʉset]
el seguro de salud	**sjukförsäkring** ['ɧʉ:kfø:'sɛkriŋ]
la receta	**recept** [re'sɛpt]
el repelente de insectos	**insektsmedel** ['insekts'medelˈ]
la curita	**plåster** ['plˈɔstər]

Lo más imprescindible

Perdone, …	**Ursäkta mig, …** [ʉːˈʂɛkta mɛj, …]
Hola.	**Hej** [hɛj]
Gracias.	**Tack** [tak]

Sí.	**Ja** [ja]
No.	**Nej** [nɛj]
No lo sé.	**Jag vet inte.** [ja vet ˈintə]
¿Dónde? | ¿A dónde? | ¿Cuándo?	**Var? I Vart? I När?** [var? | vaːʈ? | nɛr?]

Necesito …	**Jag behöver …** [ja beˈhøvər …]
Quiero …	**Jag vill …** [ja vilʲ …]
¿Tiene …?	**Har du …?** [har dʉː …?]
¿Hay … por aquí?	**Finns det … här?** [fins dɛ … hæːr?]
¿Puedo …?	**Får jag … ?** [for jaː …?]
…, por favor? (petición educada)	**…, tack** […, tak]

Busco …	**Jag letar efter …** [ja ˈlʲetar ˈɛftər …]
el servicio	**en toalett** [en tuaˈlʲet]
un cajero automático	**en uttagsautomat** [en ʉːˈtaːgs autoˈmat]
una farmacia	**ett apotek** [et apʉˈtek]
el hospital	**ett sjukhus** [et ˈɧʉːkhʉs]

la comisaría	**en polisstation** [en poˈlis staˈɧʉːn]
el metro	**tunnelbanan** [ˈtʉnəlʲ ˈbaːnan]

un taxi	**en taxi** [en 'taksi]
la estación de tren	**en tågstation** [en 'to:g sta'ɧu:n]

Me llamo …	**Jag heter …** [ja 'hetər …]
¿Cómo se llama?	**Vad heter du?** [vad 'hetər dʉ:?]
¿Puede ayudarme, por favor?	**Skulle du kunna hjälpa mig?** ['skulle dʉ: 'kuna 'jɛlʲpa mɛj?]
Tengo un problema.	**Jag har ett problem.** [ja har et prɔ'blʲem]
Me encuentro mal.	**Jag mår inte bra.** [ja mor 'intə bra:]
¡Llame a una ambulancia!	**Ring efter en ambulans!** ['riŋ 'ɛftər en ambʉ'lʲans!]
¿Puedo llamar, por favor?	**Får jag ringa ett samtal?** [for ja 'riŋa et 'sa:mtalʲ?]

Lo siento.	**Jag är ledsen.** [ja ær 'lʲesən]
De nada.	**Ingen orsak.** ['iŋen 'u:ʂak]

Yo	**Jag, mig** [ja, mɛj]
tú	**du** [dʉ]
él	**han** [han]
ella	**hon** [hon]
ellos	**de:** [de:]
ellas	**de:** [de:]
nosotros /nosotras/	**vi** [vi:]
ustedes, vosotros	**ni** [ni]
usted	**du, Ni** [dʉ:, ni:]

ENTRADA	**INGÅNG** ['iŋo:ŋ]
SALIDA	**UTGÅNG** ['ʉtgo:ŋ]
FUERA DE SERVICIO	**UR FUNKTION** [ʉ:r funk'ɧu:n]
CERRADO	**STÄNGT** ['stɛŋt]

ABIERTO	**ÖPPET** ['øpet]
PARA SEÑORAS	**FÖR KVINNOR** [før 'kvinor]
PARA CABALLEROS	**FÖR MÄN** [før mɛn]

MINI DICCIONARIO

Esta sección contiene 250
palabras útiles necesarias
para la comunicación diaria.
Encontrará ahí los nombres
de los meses y de los días
de la semana.
El diccionario también
contiene temas relevantes
tales como colores, medidas,
familia, y más

T&P Books Publishing

CONTENIDO DEL DICCIONARIO

T&P Books Publishing

tiempo (m)	**tid (en)**	['tid]
hora (f)	**timme (en)**	['timə]
media hora (f)	**halvtimme (en)**	['halˌvˌtimə]
minuto (m)	**minut (en)**	[mi'nɐːt]
segundo (m)	**sekund (en)**	[se'kund]
hoy (adv)	**i dag**	[i 'dag]
mañana (adv)	**i morgon**	[i 'mɔrgɔn]
ayer (adv)	**i går**	[i 'goːr]
lunes (m)	**måndag (en)**	['mɔnˌdag]
martes (m)	**tisdag (en)**	['tisˌdag]
miércoles (m)	**onsdag (en)**	['ʊnsˌdag]
jueves (m)	**torsdag (en)**	['tʊːʂˌdag]
viernes (m)	**fredag (en)**	['freˌdag]
sábado (m)	**lördag (en)**	['lʲøːɖag]
domingo (m)	**söndag (en)**	['sœnˌdag]
día (m)	**dag (en)**	['dag]
día (m) de trabajo	**arbetsdag (en)**	['arbeʦˌdag]
día (m) de fiesta	**helgdag (en)**	['hɛljˌdag]
fin (m) de semana	**helg, veckohelg (en)**	[hɛlj], ['vɛkɔˌhɛlj]
semana (f)	**vecka (en)**	['vɛka]
semana (f) pasada	**förra veckan**	['fœːra 'vɛkan]
semana (f) que viene	**i nästa vecka**	[i 'nɛsta 'vɛka]
por la mañana	**på morgonen**	[pɔ 'mɔrgɔnən]
por la tarde	**på eftermiddagen**	[pɔ 'ɛftəˌmidagən]
por la noche	**på kvällen**	[pɔ 'kvɛlʲen]
esta noche	**i kväll**	[i 'kvɛlʲ]
(p.ej. 8:00 p.m.)		
por la noche	**om natten**	[ɔm 'natən]
medianoche (f)	**midnatt (en)**	['midˌnat]
enero (m)	**januari**	['januˌari]
febrero (m)	**februari**	[fɛbrɐ'ari]
marzo (m)	**mars**	['maːʂ]
abril (m)	**april**	[a'prilʲ]
mayo (m)	**maj**	['maj]
junio (m)	**juni**	['juːni]
julio (m)	**juli**	['juːli]
agosto (m)	**augusti**	[au'gusti]

septiembre (m)	**september**	[sɛp'tɛmbər]
octubre (m)	**oktober**	[ɔk'tʊbər]
noviembre (m)	**november**	[nɔ'vɛmbər]
diciembre (m)	**december**	[de'sɛmbər]
en primavera	**på våren**	[pɔ 'voːrən]
en verano	**på sommaren**	[pɔ 'sɔmarən]
en otoño	**på hösten**	[pɔ 'høstən]
en invierno	**på vintern**	[pɔ 'vintərn]
mes (m)	**månad (en)**	['moːnad]
estación (f)	**årstid (en)**	['oːʂˌtid]
año (m)	**år (ett)**	['oːr]

2. Números. Los numerales

cero	**noll**	['nɔlʲ]
uno	**ett**	[ɛt]
dos	**två**	['tvoː]
tres	**tre**	['treː]
cuatro	**fyra**	['fyra]
cinco	**fem**	['fem]
seis	**sex**	['sɛks]
siete	**sju**	['ɧʉː]
ocho	**åtta**	['ota]
nueve	**nio**	['niːʊ]
diez	**tio**	['tiːʊ]
once	**elva**	['ɛlʲva]
doce	**tolv**	['tɔlʲv]
trece	**tretton**	['trɛttɔn]
catorce	**fjorton**	['fjʊːʈɔn]
quince	**femton**	['fɛmtɔn]
dieciséis	**sexton**	['sɛkstɔn]
diecisiete	**sjutton**	['ɧʉːttɔn]
dieciocho	**arton**	['aːʈɔn]
diecinueve	**nitton**	['niːttɔn]
veinte	**tjugo**	['ɕʉgʊ]
treinta	**trettio**	['trɛttiʊ]
cuarenta	**fyrtio**	['fœːʈiʊ]
cincuenta	**femtio**	['fɛmtiʊ]
sesenta	**sextio**	['sɛkstiʊ]
setenta	**sjuttio**	['ɧuttiʊ]
ochenta	**åttio**	['ottiʊ]
noventa	**nittio**	['nittiʊ]
cien	**hundra (ett)**	['hundra]

doscientos	**tvåhundra**	['tvo:ˌhundra]
trescientos	**trehundra**	['treˌhundra]
cuatrocientos	**fyrahundra**	['fyraˌhundra]
quinientos	**femhundra**	['femˌhundra]
seiscientos	**sexhundra**	['sɛksˌhundra]
setecientos	**sjuhundra**	['ɧʉ:ˌhundra]
ochocientos	**åttahundra**	['otaˌhundra]
novecientos	**niohundra**	['niʉˌhundra]
mil	**tusen (ett)**	['tʉ:sən]
diez mil	tiotusen	['ti:ʊˌtʉ:sən]
cien mil	**hundratusen**	['hundraˌtʉ:sən]
millón (m)	**miljon (en)**	[mi'ljʊn]
mil millones	**miljard (en)**	[mi'lja:d]

3. El ser humano. Los familiares

hombre (m) (varón)	**man (en)**	['man]
joven (m)	**yngling (en)**	['yŋlin]
mujer (f)	**kvinna (en)**	['kvina]
muchacha (f)	**tjej, flicka (en)**	[ɕej], ['flika]
anciano (m)	**gammal man (en)**	['gamalʲ ˌman]
anciana (f)	**gumma (en)**	['guma]
madre (f)	**mor (en)**	['mʊr]
padre (m)	**far (en)**	['far]
hijo (m)	**son (en)**	['sɔn]
hija (f)	**dotter (en)**	['dotər]
hermano (m)	**bror (en)**	['brʊr]
hermana (f)	**syster (en)**	['sʏstər]
padres (pl)	**föräldrar** (pl)	[før'ɛlʲdrar]
niño -a (m, f)	**barn (ett)**	['ba:ɳ]
niños (pl)	**barn** (pl)	['ba:ɳ]
madrastra (f)	**styvmor (en)**	['stʏvˌmʊr]
padrastro (m)	**styvfar (en)**	['stʏvˌfar]
abuela (f)	**mormor, farmor (en)**	['mʊrmʊr], ['farmʊr]
abuelo (m)	**morfar, farfar (en)**	['mʊrfar], ['farfar]
nieto (m)	**barnbarn (ett)**	['ba:ɳˌba:ɳ]
nieta (f)	**barnbarn (ett)**	['ba:ɳˌba:ɳ]
nietos (pl)	**barnbarn** (pl)	['ba:ɳˌba:ɳ]
tío (m)	**farbror, morbror (en)**	['farˌbrʊr], ['mʊrˌbrʊr]
tía (f)	**faster, moster (en)**	['fastər], ['mʊstər]
sobrino (m)	**brorson, systerson (en)**	['brʊrˌsɔn], ['sʏstəˌsɔn]
sobrina (f)	**brorsdotter, systerdotter (en)**	['brʊ:ʂˌdotər], ['sʏstəˌdotər]

mujer (f)	hustru (en)	['hʉstrʉ]
marido (m)	man (en)	['man]
casado (adj)	gift	['jift]
casada (adj)	gift	['jift]
viuda (f)	änka (en)	['ɛŋka]
viudo (m)	änkling (en)	['ɛŋkliŋ]

| nombre (m) | namn (ett) | ['namn] |
| apellido (m) | efternamn (ett) | ['ɛftə‚ŋamn] |

pariente (m)	släkting (en)	['slʲɛktiŋ]
amigo (m)	vän (en)	['vɛ:n]
amistad (f)	vänskap (en)	['vɛn‚skap]

compañero (m)	partner (en)	['pa:ʈnər]
superior (m)	överordnad (en)	['ø:vər‚ɔ:ɖnat]
colega (m, f)	kollega (en)	[kɔ'lʲe:ga]
vecinos (pl)	grannar (pl)	['granar]

4. El cuerpo. La anatomía humana

cuerpo (m)	kropp (en)	['krɔp]
corazón (m)	hjärta (ett)	['jæ:ʈa]
sangre (f)	blod (ett)	['blʲʊd]
cerebro (m)	hjärna (en)	['jæ:ɳa]

hueso (m)	ben (ett)	['be:n]
columna (f) vertebral	ryggrad (en)	['rʏg‚rad]
costilla (f)	revben (ett)	['rev‚be:n]
pulmones (m pl)	lungor (pl)	['lʉŋʊr]
piel (f)	hud (en)	['hʉ:d]

cabeza (f)	huvud (ett)	['hʉ:vʉd]
cara (f)	ansikte (ett)	['ansiktə]
nariz (f)	näsa (en)	['nɛ:sa]
frente (f)	panna (en)	['pana]
mejilla (f)	kind (en)	['ɕind]

boca (f)	mun (en)	['mu:n]
lengua (f)	tunga (en)	['tuŋa]
diente (m)	tand (en)	['tand]
labios (m pl)	läppar (pl)	['lʲɛpar]
mentón (m)	haka (en)	['haka]

oreja (f)	öra (ett)	['ø:ra]
cuello (m)	hals (en)	['halʲs]
ojo (m)	öga (ett)	['ø:ga]
pupila (f)	pupill (en)	[pʉ'pilʲ]
ceja (f)	ögonbryn (ett)	['ø:gɔn‚bryn]
pestaña (f)	ögonfrans (en)	['ø:gɔn‚frans]

pelo, cabello (m)	hår (pl)	['ho:r]
peinado (m)	frisyr (en)	[fri'syr]
bigote (m)	mustasch (en)	[mʉ'sta:ʃ]
barba (f)	skägg (ett)	['ɧɛg]
tener (~ la barba)	att ha	[at 'ha]
calvo (adj)	skallig	['skalig]

mano (f)	hand (en)	['hand]
brazo (m)	arm (en)	['arm]
dedo (m)	finger (ett)	['fiŋər]
uña (f)	nagel (en)	['nagəlʲ]
palma (f)	handflata (en)	['hand‚flʲata]

hombro (m)	skuldra (en)	['skʉlʲdra]
pierna (f)	ben (ett)	['be:n]
rodilla (f)	knä (ett)	['knɛ:]
talón (m)	häl (en)	['hɛ:lʲ]
espalda (f)	rygg (en)	['rɤg]

5. La ropa. Accesorios personales

ropa (f)	kläder (pl)	['klʲɛ:dər]
abrigo (m)	rock, kappa (en)	['rɔk], ['kapa]
abrigo (m) de piel	päls (en)	['pɛlʲs]
cazadora (f)	jacka (en)	['jaka]
impermeable (m)	regnrock (en)	['rɛgn‚rɔk]

camisa (f)	skjorta (en)	['ɧu:ʈa]
pantalones (m pl)	byxor (pl)	['byksʉr]
chaqueta (f), saco (m)	kavaj (en)	[ka'vaj]
traje (m)	kostym (en)	[kɔs'tym]

vestido (m)	klänning (en)	['klʲɛniŋ]
falda (f)	kjol (en)	['ɕø:lʲ]
camiseta (f) (T-shirt)	T-shirt (en)	['ti:‚ʃɔ:t]
bata (f) de baño	morgonrock (en)	['mɔrgon‚rɔk]
pijama (m)	pyjamas (en)	[py'jamas]
ropa (f) de trabajo	arbetskläder (pl)	['arbets‚klʲɛ:dər]

ropa (f) interior	underkläder (pl)	['undə‚klʲɛ:dər]
calcetines (m pl)	sockor (pl)	['sɔkʉr]
sostén (m)	behå (en)	[be'ho:]
pantimedias (f pl)	strumpbyxor (pl)	['strump‚byksʉr]
medias (f pl)	strumpor (pl)	['strumpʉr]
traje (m) de baño	baddräkt (en)	['bad‚drɛkt]

gorro (m)	hatt (en)	['hat]
calzado (m)	skodon (pl)	['skʉdʉn]
botas (f pl) altas	stövlar (pl)	['støvlʲar]
tacón (m)	klack (en)	['klʲak]

| cordón (m) | skosnöre (ett) | ['skuˌsnø:rə] |
| betún (m) | skokräm (en) | ['skuˌkrɛm] |

guantes (m pl)	handskar (pl)	['hanskar]
manoplas (f pl)	vantar (pl)	['vantar]
bufanda (f)	halsduk (en)	['halˈsˌdʉ:k]
gafas (f pl)	glasögon (pl)	['glˈasˌø:gɔn]
paraguas (m)	paraply (ett)	[para'plʲy]

corbata (f)	slips (en)	['slips]
moquero (m)	näsduk (en)	['nɛsˌdʉk]
peine (m)	kam (en)	['kam]
cepillo (m) de pelo	hårborste (en)	['ho:rˌbo:ʂtə]

hebilla (f)	spänne (ett)	['spɛnə]
cinturón (m)	bälte (ett)	['bɛlʲtə]
bolso (m)	damväska (en)	['damˌvɛska]

6. La casa. El apartamento

apartamento (m)	lägenhet (en)	['lʲe:gənˌhet]
habitación (f)	rum (ett)	['ru:m]
dormitorio (m)	sovrum (ett)	['sɔvˌrum]
comedor (m)	matsal (en)	['matsalʲ]

salón (m)	vardagsrum (ett)	['vaˌd̪asˌrum]
despacho (m)	arbetsrum (ett)	['arbetsˌrum]
antecámara (f)	entréhall (en)	[ɛntre:halʲ]
cuarto (m) de baño	badrum (ett)	['badˌru:m]
servicio (m)	toalett (en)	[tʊa'lʲet]

aspirador (m), aspiradora (f)	dammsugare (en)	['damˌsʉgarə]
fregona (f)	mopp (en)	['mɔp]
trapo (m)	trasa (en)	['trasa]
escoba (f)	sopkvast (en)	['sʊpˌkvast]
cogedor (m)	sopskyffel (en)	['sʊpˌɧʏfəlʲ]

muebles (m pl)	möbel (en)	['mø:bəlʲ]
mesa (f)	bord (ett)	['bʊ:d̪]
silla (f)	stol (en)	['stʊlʲ]
sillón (m)	fåtölj, länstol (en)	[fo:'tœlj], ['lɛnˌstʊlʲ]

espejo (m)	spegel (en)	['spegəlʲ]
tapiz (m)	matta (en)	['mata]
chimenea (f)	kamin (en), eldstad (ett)	[ka'min], ['ɛlʲdˌstad]
cortinas (f pl)	gardiner (pl)	[ga:'dinər]
lámpara (f) de mesa	bordslampa (en)	['bʊ:d̪sˌlʲampa]
lámpara (f) de araña	ljuskrona (en)	['jʉ:sˌkrʊna]
cocina (f)	kök (ett)	['ɕø:k]
cocina (f) de gas	gasspis (en)	['gasˌspis]

| cocina (f) eléctrica | elektrisk spis (en) | [ɛ'lʲektrisk ˌspis] |
| horno (m) microondas | mikrovågsugn (en) | ['mikrʊvɔgsˌugn] |

frigorífico (m)	kylskåp (ett)	['ɕylʲˌskoːp]
congelador (m)	frys (en)	['frys]
lavavajillas (m)	diskmaskin (en)	['diskˌma'ɧiːn]
grifo (m)	kran (en)	['kran]

picadora (f) de carne	köttkvarn (en)	['ɕœtˌkvaːɳ]
exprimidor (m)	juicepress (en)	['juːsˌprɛs]
tostador (m)	brödrost (en)	['brøːdˌrɔst]
batidora (f)	mixer (en)	['miksər]

cafetera (f) (aparato de cocina)	kaffebryggare (en)	['kafəˌbrʏgarə]
hervidor (m) de agua	tekittel (en)	['teˌɕitəlʲ]
tetera (f)	tekanna (en)	['teˌkana]

televisor (m)	teve (en)	['teve]
vídeo (m)	video (en)	['videʊ]
plancha (f)	strykjärn (ett)	['strykˌjæːɳ]
teléfono (m)	telefon (en)	[telʲe'fɔn]